MARIAGE MORGANATIQUE

DU

DUC D'ÉPERNON

PAR

L'Abbé CAZAURAN

Archiviste du Grand Séminaire d'Auch

NOUVELLE RÉPLIQUE A M. MIREUR

Archiviste du Var

PRIX : UN FRANC

PARIS

MAISONNEUVE FRÈRES, ET CH. LECLERC

25, Quai Voltaire, 25

1888

MARIAGE MORGANATIQUE

DU

DUC D'ÉPERNON

Nouvelle réplique à M. Mireur

On connaît la discussion engagée entre M. Mireur, archiviste du Var, et nous. La lutte touche à sa fin, car la poste vient de nous remettre la *Dernière* de notre estimable contradicteur. Avec nos vœux du nouvel an, nous nous hâtons d'adresser à M. Mireur cette nouvelle *Réplique* qui aura au moins un mérite, celui de la brièveté.

Le lecteur nous pardonnera le ton un peu militaire de ces lignes. *Dis-moi qui tu hantes, je te dirai qui tu es*, dit le Proverbe. Or, nous nous trouvons aux prises avec un homme dont les allures belliqueuses et le langage toujours guerrier, réagissent un peu sur nous, mais malgré nous.

I

La mauvaise humeur perce parfois dans les lignes de M. Mireur. Serait-ce parce qu'il sent vivement ses torts ? Non, sans doute. Ce sera plutôt parce que sa *Première* (Réponse) fut, hélas ! peu achetée à Auch... (et ailleurs, vraisemblablement), s'il faut en croire le naïf aveu de l'auteur. (1) « Ma réponse (à M. Cazauran) n'a pas encore trouvé à Auch, un SEUL acheteur ! »

Notre *Réplique* (2) si rapidement écoulée, aura probablement rendu inutile la lecture de ce travail fidèlement analysé dans ses pages.

Quoi qu'il en soit de cet infime détail de librairie, la discussion entamée à l'occasion du second mariage du duc d'Epernon avec Anne de Monier

---

(1) *Prétendu mariage morganatique du Duc d'Epernon. — Ma Dernière. —* Draguignan, chez Latil (p. 4).

(2) *Mariage morganatique du Duc d'Epernon. — Réplique à M. Mireur. —* Paris, chez Maisonneuve, 25, Quai Voltaire.

serait *toute de fait et non de droit*, si on doit s'en rapporter au dire de M. Mireur.

Grave erreur ! En veut-on la preuve ?

Mis en éveil par la révélation soudaine d'une deuxième alliance du Duc d'Epernon avec une inconnue, Anne de Monier, M. Mireur attaque, en 1886, les conclusions du rapport lu, le 15 juin 1885, par M. le Marquis de Castelbajac à la *Réunion générale de la Société historique de Gascogne*. Sa brochure : *Du prétendu mariage du Duc d'Epernon à Pignans* (1) a pour objet de démontrer : 1° le caractère apocryphe des certificats découverts à Caumont (2), (question de fait), 2° leur manque de valeur (p. 10) pour faire admettre Louis-Félix de la Valette et sa sœur, regardés comme issus de bâtards par les historiens, à l'avantage de la succession de la famille d'Epernon. M. Mireur les déclarait « impitoyablement exclus par l'ancien droit comme issus d'enfants naturels. » (Question de droit.)

Deux parties donc dans la thèse : l'une de *fait*, l'autre de *droit*.

Cédant aux instances d'un de nos amis, nous opposons aussitôt à l'agresseur un opuscule avec ce titre : *Mariage morganatique du Duc de Lavalette* (3). (C'est *d'Epernon* qu'il fallait dire). Nous établissons l'authenticité des papiers de Caumont dans la première partie de la réponse (question de fait) et, dans la deuxième, nous démontrons la nature *morganatique* de la seconde union du Duc avec Anne de Monier, afin d'exposer comment, à la mort des descendants *légitimes* de d'Epernon, ses petits-fils réputés *illégitimes* par la loi civile et canonique, à cause de leur origine, peuvent cependant être admis à recueillir une portion de l'héritage du grand-père. (Question de droit.)

Loin de nous accuser de déserter le terrain du débat, M. Mireur se recueille pendant des mois entiers et nous le voyons, un jour, exécuter à l'improviste un mouvement offensif contre nous pour nous combattre dans les limites où il nous avait lui-même cantonné. M. l'Archiviste du Var a levé des recrues durant l'armistice. Le voici à la tête d'une légion. Sa *Réponse* (4) ne contient pas moins de soixante-treize pages grand in-octavo ! L'auteur est menaçant et sûr de la victoire ; il s'avance vers nous, « plein de confiance dans la solidité et la bonne trempe de ses

(1) Chez Latil, à Draguignan (Var).
(2) *V. la Rev. de Gasc.* T. XXVI, pp. 362 et suiv.
(3) Paris, chez Maisonneuve, 25, Quai Voltaire.
(4) *Le prétendu mariage morganatique du Duc d'Epernon.* — Draguignan, chez Latil.

armes. » (P. 6 de la *Réponse*.) Le matériel qu'il traîne à sa suite est, heureusement pour nous, aussi lourd que peu dangereux.

Cependant, pour la première fois de leur histoire, les Gascons fléchissent à la vue des pesantes batteries dont le nombre les effraie. On les voit reculer devant l'artillerie provençale !.. « Ma réponse n'a pas encore trouvé à Auch, un seul acheteur ! » murmure M. Mireur dans sa *Dernière* (1), où il raconte à sa façon l'issue de la bataille.

Nous fûmes seul à soutenir le choc sur le terrain choisi par la Provence, en *fait* comme en *droit*.

Pénétrant dans le camp opposé, une arme fort modeste à la main, il nous fut aisé de l'enfoncer dans les nombreux défauts de la cuirasse du généralissime du Var et de nous débarrasser sans trop de mal du Géant de Draguignan. En quelques instants, l'artillerie de M. Mireur fut réduite au silence et bientôt enclouée. *La question de fait* était sommairement traitée dans la première partie de notre *Réplique* (2). Dans la seconde, (question de droit) nous répondions exclusivement aux arguments de *droit* de l'estimable contradicteur.

Nous n'avions pas fait un écart d'un pas, on le voit, nous restions en plein dans le champ-clos choisi par l'attaque.

Le calme avait suivi la rencontre meurtrière de la *Réponse* et de la *Réplique*. Nous l'avouerons en toute simplicité, nous pensions que M. Mireur avait succombé dans la lutte ! Pas du tout ! le voici encore debout. Sa *Dernière*, nous le montre visitant le champ de bataille (3) pour y recueillir les dépouilles de l'ennemi. Mais il y trouve à peine quelques épaves, qu'il a tort de confondre avec des trophées.

Puisque M. Mireur a été assez habile pour se dérober à nos coups en s'abritant, mutilé, derrière une batterie de réserve en fort mauvais état, retournons-nous un instant pour démonter ses armes, dans un dernier assaut. Nous lui crions donc, comme jadis à Fontenoy : « Tirez le premier » pour ajouter, avant d'ouvrir le feu : **Artilleur, à vos pièces !**...

II

1ʳᵉ Objection. — *La discussion est toute de fait et non de droit* (p. 4.) (*La Dernière*).

---

(1) *Le prétendu mariage morganatique du duc d'Epernon.* — Ma Dernière à M. l'abbé Cazauran. — Draguignan, chez Latil (p. 4, note).

(2) *Mariage morganatique du Duc d'Epernon.* — *Réplique* à M. Mireur. — Paris, chez Maisonneuve, 25, Quai Voltaire.

(3) Le prétendu mariage morg. — Ma *Dernière*, p. 6.

— 6 —

R. — Erreur manifeste. Elle est à la fois de *fait* et de *droit*, on peut en juger par ce qui précède. Vainement, essaierait-on aujourd'hui de faire croire que la légitimité des La Valette, seigneurs de Caumont, était l'affaire la plus grave en ceci, (1) et que l'anecdote, vraie ou fausse, d'un mariage secret, sans progéniture, doit être regardée comme secondaire. (2)

Au début de la discussion, la légitimité des La Valette est admise comme certaine, sur la foi de la *Revue de Gascogne*. (3) Le débat s'engage donc uniquement sur *l'authenticité* des actes de Caumont et leur *valeur*, au point de vue de la succession de la famille du duc d'Epernon, à raison du caractère morganatique du mariage dont ils révèlent l'existence.

IIᵐᵉ **Objection.** — « Au lieu de concentrer ses efforts à prouver la réalité d'un hymen... **M.** Cazauran s'évertue à nous en dévoiler le côté morganatique. »

R. — Nous avons fait ces deux choses successivement, cher collègue ! Consultez nos écrits. Notre *Réplique* a été courte sur le *fait* de l'*hymen*, par la raison bien simple que l'existence du mariage du duc d'Epernon avec Anne de Monier était la conséquence rigoureuse de l'authenticité des actes de Caumont, lors même que leur date serait fausse. « Au reste, redirons-nous avec M. Quantin, dans son *Traité de Diplomatique*, les dates pourraient être réellement fausses et la pièce où elles se trouvent très authentique, on en rapporterait mille exemples. (4) »

Voilà deux certificats de mariage d'une parfaite authenticité, de l'aveu de tous. Ils attestent la célébration d'un mariage *en face de l'Eglise*, soit dans le texte latin soit dans le texte français. Donc le mariage a eu lieu ! Et c'est en vain qu'en désespoir de cause, pour opposer une hypothèse à

(1) *Le prétendu mariage morganatique. — Ma Dernière*, p. 12, note.

(2) *La Revue de Gascogne*, T. XXVI, p. 368, rendant compte de la communication de M. de Castelbajac s'exprimait ainsi : « M. le Président et MM. J. de Carsalade et Fr. Abbadie échangent avec M. le marquis de Castelbajac plusieurs observations qui font ressortir de plus en plus l'intérêt historique d'une découverte si complètement inattendue. » Il y a loin de ce langage à *l'anecdote vraie ou fausse d'un mariage secret, etc.*

(3) Louis-Félix marquis de La Valette et sa sœur Eléonore sont formellement déclarés « petits-enfants du duc d'Epernon et de l'inconnue d'hier, Anne de Monier » dans le mémoire de M. de Castelbajac publié par la *Revue de Gascogne* (T. XXVI, p. 367). L'honorable rapporteur est dans le vrai, nous le croyons, mais les preuves font défaut. A la *Revue* d'élucider ce point et de montrer la *légitimité des La Valette*, seigneurs de Caumont, qu'elle affirmait dans le passage cité. Ce n'est pas notre rôle.

(4) *Encyclopédie de Migne*, T. XLVII, p. 255, 2ᵉ col. De plus, le mariage a été possible matériellement le 24, si cette date des pièces de Caumont est certaine. Il put se faire la nuit qui précéda le combat de Vidauban, comme le soir de la rencontre, quoi qu'il en soit du *calendrier* dont M. Mireur avait si singulièrement parlé, dont il parle si curieusement encore dans la *Dernière* (retouchée ou non) (p. 9) et auquel nous n'avons attaché aucune importance. (*Réplique*, pp. 5 et 6.) V. là aussi, les contradictions des historiens.

une *hypothèse* (pardon, à un fait certain), M. Mireur nous prierait « d'avoir « l'air de nous apercevoir » de son opinion relative à « un projet de mariage sans suite », qu'affirmeraient les actes de Caumont !!!.

Nous ne pouvons pas sérieusement discuter un cas qui serait celui-ci. — Un jour, le curé de Pignans, diocèse de Fréjus, reçoit la visite du duc d'Epernon accompagné de trois témoins, savoir : Jacques de Roux, G. Fabre, Raynaud, *bailly et lieutenant de juge*. Le célèbre capitaine fait part de ses projets de mariage à Gaston. Celui-ci, en prévision de la célébration de la future union de Jean-Louis de La Valette avec Anne de Monier, fixée au 24 février 1596, rédige à l'avance les certificats de la cérémonie et les fait revêtir des signatures authentiques que nous y lisons, pour les remettre au Duc.

Survient la défaite de Vidauban, juste le 24 février 1596. Tous les projets d'hymen s'envolent et le duc d'Epernon reste l'heureux possesseur de deux titres étranges qu'il cache dans ses archives, en attendant qu'un hasard merveilleux vienne les jeter comme une pomme de discorde entre historiens sur la table d'une société archéologique, le 15 juin 1885, dans la bonne ville d'Auch !..

Cette manière de procéder peut satisfaire un logicien (1) de la force de M. Mireur, mais nous la trouvons inadmissible, quoique le vrai, parfois, puisse ne pas être vraisemblable.

IIIe Objection. — Si M. Cazauran avait consulté les Dictionnaires, il aurait vu que Nicolaüs Mylerus dit dans sa *Gamologie, qu'il n'y a que les princes et grands seigneurs d'Allemagne qui puissent contracter des mariages morganatiques.*

R. — Les mariages morganatiques, répèterons-nous, peuvent être allemands de nom (et encore?), mais ils furent français par l'usage. N'est-ce pas ce qui ressort clairement de ces mots du code des *Usages des Fiefs* ? « Quod Mediolanenses dicunt accipere uxorem ad *morganaticam*, alibi, lege ꜱᴀʟɪᴄᴀ. » Les Milanais appelaient la manière de se marier pratiquée par le duc d'Epernon *morganatique*. Ailleurs, on la nommait ꜰʀᴀɴçᴀɪꜱᴇ. *Salique*, dans les Dictionnaires familiers à M. l'Archiviste du Var, signifie *qui appartient aux francs*. (La Chatre, T. II, p, 1069.)

----

(1) « Il y a quelque chose de supérieur au savoir, dit M. Mireur (p. 11 de la *Dernière*) c'est la logique. » Plût à Dieu que le savant archiviste s'en fût souvenu, il ne se serait pas hasardé à faire des arguments boiteux (qu'il nous prête gratuitement) du genre de ceux de la page 4 de sa *Dernière*, du fond de la page 11, pour n'en citer que trois exemples. Nous aimons mieux attribuer ces singuliers raisonnements à un défaut de logique qu'à un manque de bonne foi.

Que le mariage morganatique fût autrefois usité en France, nous l'avons surabondamment prouvé ailleurs. (1) Aussi, nous bornerons-nous à demander à notre estimable collègue, si c'est en qualité d'Allemand que Louis XIV se maria *morganatiquement* avec Madame de Maintenon ? Et de nos jours, est-ce à raison de son origine tudesque qu'en Italie, Victor Emmanuel a contracté un mariage de même espèce ? (2) Le mariage *morganatique*, parmi les grands, fut plus général que vous ne le pensez, M. Mireur ! Et ce mariage avait parfois l'approbation de l'Eglise dont le jugement prévalait en ces matières. (3)

IVᵉ Objection. — La déclaration de 1639 ne parle pas de mariage morganatique qui n'est pas le mariage secret (p. 14).

R. — Double erreur ! La Déclaration de 1639, lue dans Isambert et Taillandier (4), comme dans le *Dictionnaire canonique* de Durand de Maillane, avocat au Parlement d'Aix (T. IV, p. 38, 1ʳᵉ col.) s'exprime ainsi : « Désirant pourvoir à l'abus qui commence à s'introduire dans

(1) *Mariage morganatique du duc d'Epernon.* — *Réplique*, p. 9.

(2) Dans ces derniers temps, l'empereur Alexandre II de Russie avait aussi épousé morganatiquement la princesse Dolgorouki. S'il nous était permis de parler des vivants, nous pririons M. Mireur de demander le nom de l'alliance contractée depuis peu par tel prince français bien connu... Pour ne nommer que les morts, nous rappellerons à M. l'Archiviste du Var qu'Antonin Nompar de Caumont, comte de Lauzun, en Agenais, obtint de Louis XIV la permission de se marier avec Mⁱˡᵉ de Montpensier, petite-fille de Henri IV. Cette union étant regardée comme une *mésalliance* par les membres de la maison de Condé, l'autorisation royale fut retirée. Le comte de Lauzun épousa alors *morganatiquement*, disent les auteurs, Mⁱˡᵉ de Montpensier qui lui donna les terres de St-Farjeau, le comté d'Eu (V. Anquetil. — *Louis XIV*) etc.

Ce ne fut qu'à la mort de cette épouse *secrète* que Nompar de Caumont épousa Mⁱˡᵉ de Lorge.

L'union morganatique de Lauzun, devenue de nos jours l'objet d'un problème historique, était regardée comme certaine au dix-huitième siècle, comme on peut le voir en particulier au mot *Lauzun*, dans le *Dictionnaire* historique de M.DCC. LXXIX. (4ᵐ Edition).

La lecture de S. Simon. des *Mémoires de Mˡˡᵉ de Montpensier*, de l'étude du baron Walknaer sur Mᵐᵉ de Sévigné, etc., pourront édifier M. Mireur sur le mariage secret, morganatique de Nompar de Caumont, également mentionné par Anquetil.

(3) « Avant que nos rois eussent donné à leurs peuples ces grandes et sages ordonnances qui forment comme le corps de notre législation sur les matières d'intérêt général et de droit public, le droit canonique, était à proprement parler notre droit sur les matières ecclésiastiques, mais plus spécialement sur les *mariages*. C'étaient les souverains pontifes qui établissaient les empêchements de mariage, qui en donnaient presque toutes les dispenses, et qui réglaient tout ce qui concernait cet acte si important dans l'ordre religieux et dans l'ordre civil. » Ainsi parle le *Répertoire Universel* de Merlin, (T. VIII, p. 62, 2ᵉ col. — Paris, Garnery, 1808). Il ne faudrait pas croire cependant que l'Eglise ait jamais encouragé les mariages secrets. Elle les tolérait en certains cas. Tout en les condamnant en principe, à cause des abus qui pouvaient en résulter, elle les regardait néanmoins comme *valides*, pourvu qu'ils fussent célébrés dans les conditions prévues par le droit canonique.

(4) *Recueil général des anciennes lois françaises*, T. XVI, p. 520.

notre royaume, par ceux qui tiennent leurs mariages SECRETS et CACHÉS pendant leur vie, ... nous ordonnons, etc. » Suivent les disppsitions royales peut-être inspirées par le cas assez récent du duc d'Epernon lui-même.

On a remarqué les termes de la Déclaration. — Louis XIII prohibe les mariages SECRETS OU CACHÉS. Or, les mariages *morganatiques* sont essentiellement SECRETS de leur nature OMNIS CURA ADHIBETUR UT OCCULTA REMANEANT. Donc les mariages morganatiques étaient visés par la déclaration de 1639 qui les nommait explicitement par le mot générique de *mariages secrets*. C'est ce que nous avons voulu indiquer en plaçant, pour abréger, le mot *morganatique entre guillemets*. M. Mireur ne l'a pas compris : il aime les longueurs...

Que tous les mariages *secrets* ne soient pas *morganatiques*, tout le monde le sait, mais tout le monde sait aussi que tout mariage morganatique est *secret*, de son essence. Libre à M. l'Archiviste du Var de s'obstiner à faire semblant de croire que pour qu'un mariage soit *morganatique*, il est absolument requis que le secret de *fait* existe (1). Le secret de *droit*, *officiel, légal*, dans les actes publics suffit pour un canoniste ou un théologien.

V⁰ Objection. — Les mariages morganatiques, dit Pothier, n'ont pas lieu en France... CETTE SORTE D'UNION EST DÉFENDUE ET CRIMINELLE (p. 16).

R. — C'est très vrai, cher collègue, et si Pothier en publiant son *Traité de contrat de mariage*, en 1768, avait eu la témérité de tenir un

(1) L'auteur de la *Dernière* nous étonne par l'opiniâtreté qu'il met à revendiquer pour deux actes de mariage des formalités dont l'usage ou l'oubli n'altèrent pas cependant ces pièces au point de vue de la validité de l'union. Nécessité d'inscription sur les registres, importance capitale de ce point, défense de déclaration par simple certificat sur feuille volante, etc., etc. Voilà tout autant de questions qui préoccupent à un point extrême notre honorable collègue.

Veut-il calmer, enfin, ses inquiétudes là-dessus ? Qu'il se décide seulement à feuilleter Merlin, *l'oracle des jurisconsultes*... et des archivistes ! Il verra au *tome VIII*, p. 64, 1° qu'avant *l'ordonnance du 9 avril 1736*, les registres de l'état civil n'étaient prescrits dans les sacristies que depuis 1539. Or, les lois canoniques défendaient d'y inscrire les mariages secrets.

2° Que les actes déposés dans les greffes, ou dans les sacristies, n'avaient qu'une importance secondaire, puisqu'on pouvait faire la preuve du mariage par simple témoignage oral.

3° Que l'usage d'écrire les actes de mariage même ordinaires, sur des *feuilles volantes*, comme à Pignans, en 1596 pour une alliance morganatique, devait être assez répandu puisque l'article 9 de la loi de 1736 porte cette mention formelle : « Voulons qu'en aucun cas, lesdits actes de célébration ne puissent être écrits et signés sur des *feuilles volantes*. » On les livrait donc ainsi, avant cette date et ceux de Caumont n'ont plus rien d'étonnant !.. D'ailleurs, le défaut de certificat ou acte de mariage ne put jamais constituer un cas de nullité. L'attestation écrite des mariages est une simple mesure de précaution.

autre langage, *au point de vue civil*, on l'eût, avec raison, considéré comme rebelle aux lois de son pays. La Déclaration de 1639 défendait, en effet, les mariages *morganatiques* ou *secrets*. tout en les reconnaissant valides quant aux liens, mais *nuls* quant aux effets civils, dit Carrière. (1) Pothier lui-même donne la raison de la défense qu'il formule : « Nos lois ne permettent pas ces unions ».... à partir de 1639.

La prohibition des mariages morganatiques à partir de 1639, n'enlevait rien à la régularité de la seconde union *de la main gauche* du duc d'Epernon avec Anne de Monier. Est-ce assez clair ? Elle n'empêchait même pas la *validité* des mariages qui auraient pu se contracter après 1639, contrairement aux termes de la loi. Nous venons de le rappeler.

VIe Objection. — « Du reste, la jurisprudence française n'a jamais autorisé de pareilles stipulations (réserve de *légitime*) dans les mariages », dit Merlin, dans l'article *Légitime*. Donc, la loi proscrit les mariages morganatiques.

R. — Singulière façon de raisonner, en vérité ! De ce que la jurisprudence française n'autorise pas les stipulations des mariages morganatiques pour la réserve de la légitime en faveur des enfants du premier lit, il s'en suivrait tout simplement que dans le cas où on viendrait à plaider sur ce point devant les tribunaux, les juges, interprétant les lois existantes pourraient casser cette disposition, quant aux effets civils. Mais que peut faire un tel arrêt au *fait* du mariage ou à sa *validité* ? Absolument rien. Donc, ou l'avis de Merlin ne dit rien, ou il se tourne contre notre aimable collègue, car tout en proscrivant la condition spéciale de *réserve* pour la légitime l'auteur du *Répertoire universel* ne condamne pas le mariage lui-même dont il reconnaissait la valeur canonique comme tout le monde.

D'ailleurs, Merlin ne nie pas formellement l'autorité du *Code des usages des fiefs*, puisqu'il admet que dans une discussion de *Jurisprudence* relative à la clause de *réserve* pour la légitime, on peut invoquer, pour faire triompher cette opinion, le *Code des Usages des fiefs*. Pour lui, personnellement, il n'en accepte pas l'autorité dans l'espèce, mais il l'indique comme *moyen* à l'avocat qui voudrait plaider dans le sens qu'il repousse. (2)

(1) *De Matrimonio*, T. I, p. 307.
(2) V. le Tome VIII p. 65, de Merlin. — *Répertoire Universel*. Une erreur typographique nous avait fait indiquer le tome VII dans notre *Réponse*, au sujet d'un cas d'application des règles du *Code des fiefs*. M. Mireur pense que nous avons pris là le *Pirée pour un homme* !.. (p. 18 de la *Dernière*.) Ses réflexions sont très amusantes, car il faut renverser les rôles pour être dans le vrai.

VIIe Objection. — Le *Code des fiefs*, banni du droit français ne fut pas reçu en Provence. Aussi, les auteurs de ce pays traitent-ils d'*absurde* et de *ridicule* l'opinion de ceux qui voudraient invoquer ce recueil comme une loi en Provence.

R. — Le langage de Peissonel, cité par M. Mireur, put être de mise pour la contrée de Provence. En Gascogne, pays de bonne éducation, on l'eût trouvé de mauvais goût. Mais glissons sur ce détail et demandons vite à notre excellent collègue comment la répulsion de la Provence pour le *Code des fiefs* pourrait servir sa cause et porter atteinte soit à l'existence, soit à la validité du mariage du duc d'Epernon avec Anne de Monier ?

Tout au plus peut-on conclure du langage du brutal jurisconsulte de M. Mireur que si les descendants du duc d'Epernon, à la mort de son fils légitime, avaient réclamé devant les tribunaux de ce pays, une partie des biens du défunt, les juges provençaux auraient pu repousser leurs prétentions fondées sur le *Code des Usages des fiefs*. Mais le mariage de Jean-Louis de Lavalette n'aurait reçu aucune atteinte d'un arrêt de ce genre. Quel malheur pour M. l'Archiviste du Var, qu'avant d'entrer en lice, il n'ait pas fait quelque étude préliminaire de droit sur la distinction des effets du mariage, *contrat* et *sacrement*, tout à la fois ! Il ne lui serait pas arrivé si souvent de donner une importance démesurée à des difficultés qui n'ont même pas une apparence sérieuse. Un examen attentif des causes de nullité du mariage au point de vue civil, comme au point de vue canonique lui eût également épargné de stériles digressions sur des détails étrangers au sujet que nous avions à traiter.

Convenons-en, l'objection finale de la *Dernière*, présentée par M. Mireur *pour faire verser la mesure* de sa démonstration victorieuse est loin de produire l'effet attendu. Ce dernier projectile est aussi creux que les premiers et ainsi se trouve épuisé l'arsenal de M. l'Archiviste du Var dont toute l'artillerie réduite au silence, sans effort, laisse notre thèse debout dans son intégrité avec ses trois conclusions :

1°. — LES CERTIFICATS DE MARIAGE DE CAUMONT SONT AUTHENTIQUES.

2°. — DONC LE MARIAGE DU DUC D'EPERNON AVEC ANNE DE MONIER, ATTESTÉ PAR CES ACTES, EST CERTAIN.

3°. — ET CE MARIAGE FUT MORGANATIQUE, PUISQU'IL RÉUNIT ABSOLUMENT TOUTES LES CONDITIONS REQUISES POUR CES SORTES D'UNION.

CONCLUSION

« On ne mesure pas les distances avec les canons de l'Eglise », dit triomphalement M. Mireur à la page 5 de sa *Dernière*. Nous n'avons jamais compris qu'on les mesurât davantage avec les canons rayés et surtout avec les pièces mal pointées de M. l'Archiviste du Var. Mais celui-ci peut voir, par ce qui précède, que les canons de l'Eglise nous ont permis d'apprécier la distance de l'erreur à la vérité dans ses travaux sur le cas du duc d'Epernon.

M. Mireur, peu confiant, du reste, dans les dernières bordées de ses pauvres batteries demande à signer la paix. Nous déférons d'autant plus volontiers à ses vœux, que les clauses du traité contenues dans les trois points de nos conclusions sont certainement acceptées de lui à cette heure. C'est donc de tout cœur que nous quittons, enfin, le champ de bataille, en tendant avec joie une main amie à un jouteur moins heureux que vaillant dans la lutte !..

DAX. — Imprimerie Hazael LABÈQUE, rues Neuve et St-Vincent.